AF336602

CATALOGUE

DES MODÈLES

COMPOSANT

LE FONDS DE LA FABRIQUE DE BRONZE

DE MM. CHARDIGNY ET Cⁱᵉ,

DONT LA VENTE AURA LIEU,

Rue Pierre-Levé, n. 19,

Les 14, 15, 16 et 17 Décembre 1838, *heure de midi,*

Par le ministère de Mᵉ BONNEFONS DE LAVIALLE, commissaire-priseur à Paris, rue de Choiseul, n. 11,

EXPOSITION PUBLIQUE

Les Mardi 11, Mercredi 12 et Jeudi 13 Décembre 1838,
de dix heures à quatre.

LE CATALOGUE SE DISTRIBUE, A PARIS,

Chez ledit Mᵉ BONNEFONS DE LAVIALLE, commissaire-priseur, rue de Choiseul, n. 11.

PARIS.

MAULDE ET RENOU, IMPRIMEURS,
rue Bailleul, 9-11, près du Louvre.
1838

CONDITIONS DE LA VENTE.

Les adjudicataires paieront cinq centimes pour francs, applicables aux frais.

CATALOGUE

DES MODÈLES COMPOSANT LE FONDS DE FABRICATION DE
BRONZES POUR PENDULES, DE CHARDIGNY ET Cⁱᵉ.

————◦————

1 — Psyché. 1
2 — Idem. 2
3 — Arabesque.
4 — Voltaire et Jean-Jacques, bronze.
5 — Cincinnatus. 1
6 —   Idem. 2
7 — Lyres à cygnes.
8 — Léonidas. 1
9 —   Idem. 2
10 — Chevaux de Marly. 1
11 —   Idem. 2
12 —   Idem. 3
13 —   Idem. 4
14 —   Idem. 5
15 — L'Espérance. 1
16 —   Idem. 2
17 — Spartacus.
18 —   Idem   de Foyatier. 1
19 —   Idem,   idem. 2
20 — Amour et Repos.
21 — La Déclaration.
22 — Renommée des Tuileries.

55 — Jeunesse de Byron. 2
56 —   Idem. 3
57 —   Idem. 4
58 — Napoléon à Saint-Hélène.
59 — La Méditation. 1
60 —   Idem. 2
61 — Le Souvenir.
62 — Poniatowski.
63 — Sévigné.
64 — Zulime.
65 — Petit Grec.
66 — Fiancée napolitaine.
67 — Rimini.
68 — La Confidence. 1
69 —   Idem. 2
70 — Jehan de Saintré.
71 — Géorgienne. 1
72 —   Idem. 2
73 —   Idem. 3
74 — Christophe Colomb. 1
75 —   Idem. 2
76 —   Idem. 3
77 —   Idem. 4
78 — Rendez-vous de chasse.
79 — Petit chat. 1
80 —   Idem. 2
81 — Ibrahim. 1
82 —   Idem. 2
83 —   Idem. 3
84 — • Idem. 4
85 — Cheval arabe.

86 — Corneille, rocher.   1
87 —   Idem.   2
88 — Racine, rocher.   1
89 —   Idem.   2
90 —   Idem.   3
91 —   Idem.   4
92 — Buffon.   1
93 —   Idem.   2
94 —   Idem.   3
95 —   Idem.   4
96 — Ossian.   1
97 —   Idem.   2
98 — Napoléon à Austerlitz.
99 — Frédéric-le-Grand.   1
100 —   Idem.   2
101 — Boileau composant son Lutrin.
102 — Bernardin de Saint-Pierre.   1
103 —   Idem.   2
104 — Chloé.
105 — Petit pécheur à la ligne.
106 — Enfans d'Edouard.   1
107 —   Idem.   2
108 —   Idem,   de Portel.
109 — Turc combattant.
110 — Shakspeare.   1
111 —   Idem.   2
112 — Alexandre.   1
113 —   Idem.   2
114 — Egyptien.
115 — Juliette.   1
116 —   Idem.   2
117 —   Idem.   3

118 —   Idem à genoux.
119 —   Idem en prière.
120 — Chasseur écossais.
121 — Henri.
122 — Gustave Wasa.
123 — Grec marin.
124 — Pêcheur napolitain.
125 — Saint Jean.
126 — Turc troubadour.
27 — Amazone.
28 — La Levrette.
29 — Bacchus à la chèvre.
30 — Marie.
31 — La Course.
32 — Mina et Brinda.   1
33 —   Idem.   2
34 —   Idem.   3
35 —   Idem.   4
36 — L'harmonie piano.
37 — Chasse au cerf.
38 — Sainte Cécile.   1
39 —   Idem.   2
40 — Marius.   1
41 —   Idem.   2
42 — Harmonie.   1
43 —   Idem.   2
44 —   Idem.   3
45 — Pétrarque.   1
46 —   Idem.   2
47 —   Idem.   3
48 —   Idem.   4
49 — Le Dante.

150 — Vierge, dite la belle Jardinière.
151 — La Sainte Famille.
152 — Homère.   1
153 —   Idem.   2
154 — Galilée.
155 — Amour écoutant sa lyre.
156 — Education d'Achille.   1
157 —   Idem.   1
158 — Fiancée d'Abiodos.   1
159 —   Idem.   2
160 —   Idem.   3
161 —   Idem.   4
162 — Pont d'Arcole.
163 — Charité.   1
164 —   Id.   2
165 —   Id.   3
166 — Pomone.
167 — Phœbus.
168 —   Id.   2
169 — Jeanne Gray.
170 — Jeunesse de Voltaire.
171 — Sapho.
172 — Jeunesse du Tasse.
173 — Sainte Catherine.   1
174 —   Idem.   2
175 — Sainte Thérèse.
176 — Sainte Elisabeth.
177 — L'Ange gardien.
178 — Le Génie de la musique.
179 — Génie de la renaissance.   1
180 —   Idem.   2
181 — Colombe messagère.
182 — Canaris.

183 — Rocaille, Bacchus enivrant l'Amour.
184 — Rocaille à dauphin.
185 — Le Poussin.
186 — Aspasie.
187 — Le Jour et la Nuit.
188 — Petite Sapho.
189 — Uranie.
190 — Vert-Vert.
191 — La Composition.
192 — Duc d'York.
193 — Don Juan et Haidé.   1
194 —   Idem.   1
195 — Chef Albanais.
196 — Enfant à l'oiseau.   1
197 —   Idem.   2
198 — Enfant à la cage.
199 — Tailleur de pierre.
200 — La Blanchisseuse.
201 — Palisy.
202 — Polymnie.
203 — Enfant au bouc.   1
204 —   Idem.   2
205 — Napoléon à cheval.
206 — Le roi de Prusse actuel.
207 — Pierre-le-Grand.
208 — L'empereur d'Allemagne.
209 — Boule dogue.   1
210 —   Idem.   2
211 — Thésée.
212 — Eléphant.
213 — Flambeaux crocodile.
214 — Petit oiseleur.

215 — Corneille, de Sèvres.
216 — Molière,   idem.
217 — Bacchante sur borne, de Roland.
218 — Le Giaour.
219 — L'Arabe.
220 — Montesquieu.
221 — Virgile.
222 — Borne renaissance.
223 — Piédestal   idem.
224 — Bucharis, bronze.
225 — Chasse au sanglier.
226 — Chasse au sanglier, pendule.
227 — Les deux amis.
228 — La petite Savoyarde.
229 — Trempeurs de mouillettes.
230 — Chaterton.
231 — Gladiateur, bronze.
232 — Hercule, grand bronze.
233 — Diomède,   id.
234 — Vierge à la chaise.
235 — Tigre et cheval.
236 — Tartare à cheval.
237 — Schiller.   n. 1
238 —   Id.   2
239 — Pipeau.   1.
240 —   Id.   2
241 —   Id.   3
242 —   Id.   4
243 — Jeunesse de Pierre-le-Grand.
244 — Odette de Champdevert.
245 — Jockey à cheval.
246 — Jeunesse d'Ossian.

247 — Héloïse.

248 — Génie des eaux.

249 — Grec défendant sa fiancée.

250 — Cheval étalon.

251 — Duquesne.

252 — L'Amitié.

253 — Molière et Ninon.   n. 1

254 —   Id.   2

255 — Molière seul.   1

256 —   Id.   2

257 — Ninon seule.   1

258 —   Id.   2

259 — Plutarque.

260 — Uranie.   1

261 —   Id.   2

262 — Jean Bart.

263 — Canaries.

264 — Duguay-Trouin.   n. 1

265 —   Id.   2

266 —   Id.   3

267 — Voltaire.   1

268 —   Id.   2

269 —   Id.   3

270 — Léonard de Vinci.

271 — Diane.

272 — Alexandre.

273 — Saint-Preux.

274 — Marius, Pachoz.   1

275 —   id.   2

276 — Démosthènes.

277 —   Id.   assis.

278 — Berger antique.

279 — Faune.
280 — Amour, d'après Fragonard.
281 — Cruche cassée.
282 — L'Histoire.
283 — Chasseur écossais.
284 —   Id.   tyrolien.
285 —   Id.   français.
286 —   Id.   indien.
287 — Le Tasse.
288 — Shakspeare.
289 — Psyché.
290 — Berger Guillot.
291 — Joueur de musette.
292 — Pompadour.
293 — Maintenon.
294 — Fiancée, Pachoz.
295 — Billet doux.
296 — Fidélité.
297 — Dunois.
298 — Groupe de chevaux.
299 — Rubens, par Fratin.
300 — Vandick.
301 — Racine, de Pradier.
302 — Lord Byron.
303 — L'âge d'or, de Pradier.
304 — Soliman, chasse antique.
305 — L'Enfant au mouton.
306 — Cinq-Mars.
307 — Petite Uranie.
308 — Poésie.
309 — Hercule et Omphale,
310 — Hercule seul.
311 — Hercule au serpent.

312 — Hercule terrassant l'hydre.
313 — Cheval échappé.
314 — Cheval et loup, par Fratin.
315 — Cheval libre,   id.
316 — Cerf   id.   n. 1
317 — Cerf   id.   2
         Cheval et jockey.
318 — Famille de cerfs, par Fratin.
319 — Napoléon à Austerlitz, à cheval.
320 — Napoléon au mont St-Bernard.   1
321 —   id.   2
322 — Napoléon à Austerlitz, à pied.
323 — Génie des arts.
324 — Poniatowski.
325 — Général Foy.
326 — Prince Eugène.
327 — Grande levrette.
328 — Borne renaissance.
329 — Petite Sévigné.
330 — Petit pêcheur.
331 — L'enfance de Turenne.
332 — Jeunesse de Rousseau.
333 — Premier prix.
334 — L'Enfant papillon.
335 — Lavallière.   n. 1
336 —   Id.   2
337 — Abeilard.
338 — Jeanne Grey.
339 — La princesse Éléonore.
340 — Petit faune.
341 — Sainte Cécile.
342 — Annette

343 — Camoëns.
344 — L'Amour au repos.
345 — Clarisse.
346 — Bayard.
347 — Newton.
248 — Boyeldieu.
249 — Jeanne d'Arc.   n. 1
350 —   Id.   2
351 Guillaume Tell.
352 — Aladin.
353 — Enée.
354 — Achille.
355 — Euridice.
356 — Esméralda.
357 — Pétraque et Laure.
358 — Michel-Ange.
359 — Mercure au départ.
360 — Cinq-Mars lisant ses satires.
361 — Mercure petit modèle.
362 — Souvenir.
363 — Borne Henri IV.
364 — Daphnis et Chloé.
365 — Cérès.
366 — L'Enfant retrouvé.
367 — Tendre aveu.
368 — Roméo et Juliette.
369 — Abordage.
370 — Vénus accroupie.
371 — Amour par Chaudet.
372 — Louis XIV à cheval.
373 — Louis XII, bronze.
374 — L'Amour, bronze.

375 — L'Innocence, bronze.
376 — Vases Médicis.   n. 1
377 —   Id.   2
378 — Vases Médicis.   3
379 —   Id.   4
380 — Vases Médicis, anses renaissance.
381 —   Id.   Tulot, riche.
382 —   Id,   riche.
383 — Vase étrusque.   n. 1
384 —   Id.   2
385 —   Id.   3
386 —   Id.   4
387 — Coupes Médicis.   n. 1
388 —   Id.   2
389 —   Id.   3
390 —   Id.
391 —   Id.   5
392 — Coupes à serpens.   n. 1
393 —   Id.   2
394 —   1d.   3
395 —   Id.   4
396 — Grande coupe riche.
397 — Coupe renaissance.   n. 1
398 —   Id.   2
399 — Buires renaissance.
400 — Coupes Benvenuto.   n. 1
401 —   Id.   2
402 —   Id.   temple.
403 —   Id.   .Amour.
404 —   Id.   Napoléon.
405 — Petits Vases renaissance.
406 — Flambeaux,   id.

407 — Flambeaux rocaille.   n. 1
408 — Flambeaux rocaille.   2
409 — Flambeaux Louis XV.   n. 1
410 —   Id.   Id.   2
411 — Divers modèles, coupes riches.
412 — Buste Esculape.   n. 1
413 —   Id.   2
414 — Hypocrate.   n. 1
415 —   Id.   2
416 — Socrate.   n. 1
417 —   Id.   2
418 — Cuvier.
419 — Lord Byron.   n. 1
420 —   Id.   2
421 — Général Foy.
422 — Grand modèle de la table de feu Lérie.
423 — Grand modèle des bas-reliefs de la bibliothè-
            que de feu Lérie.
424 — Rocaille.
425 — Piédestaux, coupes.
426 — Lutteurs, petit modèle.
427 — Gladiateurs.
428 — Girandoles, Louis XV, de Lérie.

*La vente des plâtres et terres cuites sera annoncée
ultérieurement.*

PARIS. ——IMPRIMERIE DE MAULDE ET RENOU,
RUE BAILLEUL, 9 ET 11, PRÈS DU LOUVRE.